AF400230

LA GUERRE DE CORÉE

L'origine des conflits fratricides entre Nord et Sud

Par Quentin Convard
Sous la direction de Thomas Jacquemin

50MINUTES.fr

LA GUERRE DE CORÉE

INTRODUCTION

Conflit fratricide dans un premier temps, puis mondial, mettant aux prises le bloc occidental avec le bloc communiste, la guerre de Corée concrétise pendant trois ans l'opposition entre l'Est et l'Ouest.

Le 25 juin 1950 à 4 heures du matin, le capitaine Dorrigo du *Korean Military Advisery Group* est réveillé par des bombardements : la Corée du Nord vient tout juste de traverser le 38e parallèle, qui marque la frontière imaginaire pensée pour séparer les deux pays, et attaque sa voisine du Sud. Le militaire donne aussitôt l'alerte. Quelques semaines plus tard, les États-Unis entrent en guerre contre la Corée du Nord avec le général Douglas MacArthur et l'ONU dépêche ses forces armées pour la première fois depuis sa création. Un an plus tard, qui s'enlise dès février 1951. En parallèle, des négociations sont menées entre les camps occidental et communiste, qui finissent par aboutir à un armistice en 1953.

Trente ans après les événements, la Corée n'est toujours pas unifiée et les tensions restent fortes.

DONNÉES-CLÉS

- **Quand ?** Du 25 juin 1950 au 27 juillet 1953.
- **Où ?** En Corée.
- **Contexte ?** La guerre froide (1945-1990).
- **Belligérants ?** La Corée du Nord et ses alliés (la Chine et l'Union soviétique) contre la Corée du Sud et les Nations unies (principalement les États-Unis).
- **Acteurs principaux ?**
  - Syngman Rhee, homme politique sud-coréen (1875-1965).
  - Douglas MacArthur, général américain (1880-1964).
  - Harry S. Truman, homme d'État américain (1884-1972).
  - Kim Il-sung, maréchal et homme d'État nord-coréen (1912-1994).
- **Issue ?** Un armistice sans réel vainqueur est signé et deux États sont reconnus
- **Victimes ?**
  - Camp nord-coréen : 1 820 000 morts, blessés et disparus civils et militaires, selon certaines sources.

- Camp sud-coréen : 1 550 000 morts, blessés et disparus civils et militaires, selon certaines sources.

CONTEXTE POLITIQUE ET SOCIAL

LA DIVISION DE LA CORÉE

Le 15 août 1945, alors que le Japon accepte de se rendre sans condition aux vainqueurs de la Seconde Guerre mondiale (1939-1945), les Coréens, sous le joug de l'empire du Soleil-Levant depuis 1910, sont euphoriques, persuadés qu'ils pourront enfin revivre. Aussitôt, la péninsule coréenne se fixe pour objectif de former une seule et unique grande démocratie qui réunirait le Nord et le Sud du pays. Toutefois, les États-Unis, la Grande-Bretagne et la Chine ont d'autres projets pour ce petit territoire asiatique. Ces trois nations préconisent en effet, dès la conférence du Caire de 1943, que la Corée redevienne libre et indépendante, mais seulement en temps voulu. Ce désir est réaffirmé deux ans plus tard à la conférence de Yalta et est approuvé par l'URSS.

Déjà durant le conflit mondial, lorsque les Soviétiques prennent part à la guerre qui oppose les Alliés au Japon à la demande de Franklin Delano Roosevelt (homme d'État américain, 1882-1945), il est convenu que les Russes et les Américains se partagent une partie de la péninsule. Pour ce faire, le général Douglas MacArthur (1941-1945), héros de la guerre du Pacifique, suggère de diviser le pays en deux à la hauteur du 38ᵉ parallèle, ce qui correspond peu ou prou à la moitié du territoire coréen. Cette ligne arbitraire et artificielle qui traverse des montagnes de plus de 2 000 mètres ne tient nullement compte du relief, de l'économie ou de la société, et engendre donc certaines situations ubuesques. Une partie de la ville de Kaesong se trouve, par exemple, dans le secteur soviétique, tandis que l'autre est sous juridiction américaine. Cette frontière imaginaire n'a toutefois pas vocation à perdurer et doit à l'origine servir uniquement à recevoir plus facilement la reddition des troupes japonaises, auprès des Soviétiques dans le Nord et auprès des Américains dans le Sud.

En 1946 est mise en place une commission mixte américano-soviétique qui, en faisant appel à toutes les formations politiques démocratiques de Corée, a pour but de constituer un gouvernement provisoire. Mais en raison des tensions naissantes entre les deux grandes puissances, la commission n'aboutit à rien. Un an plus tard, les États-Unis portent la question de l'avenir de la Corée devant les Nations unies qui choisissent de constituer une nouvelle commission dont la mission consistera à superviser l'organisation d'élections indépendantes en vue de la constitution d'un gouvernement. Mais les Soviétiques, hostiles aux Nations unies qu'ils considèrent comme une organisation soumise aux États-Unis, refusent d'admettre la commission dans leur zone d'occupation de la Corée. La partie nord du pays boycotte donc les élections et seul le Sud est appelé à voter. Syngman Rhee est élu premier chef du gouvernement en juillet 1948 et, dans la foulée, est proclamée la république de Corée, dont Séoul devient la capitale. Parallèlement, le Nord du pays, soutenu par l'URSS, organise lui aussi des élections. Ces dernières, non surveillées par l'ONU, mais bien par l'URSS, donnent la majorité aux partis de gauche qui désignent comme chef Kim Il-sung, un ancien résistant à l'oppresseur japonais. Le Nord se proclame indépendant et reçoit le nom de république populaire démocratique de Corée.

De cette querelle naissent donc deux Corées, chacune prétendant représenter légitimement la péninsule dans son ensemble. Les deux nouveaux chefs d'État désirent ardemment réunifier le pays, mais chacun selon sa propre idéologie politique, et sont tous deux prêts à recourir aux armes si la situation l'exigeait. Toutes les conditions pour qu'éclate une guerre civile sont donc réunies et seule la présence des deux grandes puissances pourrait dissuader les Coréens d'en venir aux armes. Pourtant, assez paradoxalement, c'est leur absence et leur inimitié qui plongent la péninsule dans une guerre féroce, car, en 1949, les troupes américaines et soviétiques se retirent de la péninsule à six mois d'intervalle, laissant derrière eux quelques militaires issus des deux camps chargés d'entraîner les jeunes armées coréennes.

QUI A PRIS LA DÉCISION D'ATTAQUER ?

Soixante ans après la fin du conflit, on ignore encore qui a pris la décision d'attaquer et permis aux Nord-Coréens de franchir le 38e parallèle, point de départ de la guerre de Corée. S'il paraît invraisemblable que Joseph Staline (homme d'État soviétique, 1879-1953) n'ait pas donné son accord – ou du moins son consentement – à l'attaque, il ne faut pas exclure la volonté de Kim Il-sung d'en découdre avec le Sud. Ce qui est certain en revanche, c'est que le camp socialiste était loin de se douter qu'une telle attaque aurait autant de répercussions, et surtout, que les États-Unis et les Nations unies entreraient en guerre.

En effet, Dean Acheson (1893-1971), le secrétaire d'État américain, annonce le 12 janvier 1950 que le périmètre défensif des États-Unis s'étend des îles aléoutiennes (au nord-ouest des États-Unis) au Japon, et des îles Ryukyu (archipel japonais) aux Philippines, omettant de ce fait la Corée du Sud, ce qui est confirmé par Douglas MacArthur. Moscou interprète dès lors cette déclaration maladroite comme une invitation à envahir la Corée. De plus, à cette époque, les Soviétiques mésestiment l'état de l'armée américaine et jugent Washington incapable de dépêcher promptement une armée en terrain inconnu. À leurs yeux, les États-Unis sont à la tête d'un impressionnant armement atomique, mais possèdent d'importantes lacunes dans leurs moyens militaires, jugés trop classiques. Si cette situation est réelle à la sortie de la Seconde Guerre mondiale, où le savant remplace le fantassin, le président Harry S. Truman abandonne progressivement cette tactique et commence à reconstituer une armée de terrain dès le mois d'avril 1950. Enfin, les Soviétiques savent avec quelle méfiance les États-Unis accueillent le nouveau président sud-coréen, Syngman Rhee. Pour le bloc socialiste, il n'est pas certain que Washington prenne de grands risques pour défendre ce chef d'État qui agit de manière quasi dictatoriale en réprimant violemment toute activité communiste – le territoire sud-coréen compte environ 14 000 prisonniers politiques – et en menaçant ouvertement d'attaquer la Corée du Nord depuis son élection. De plus, les États-Unis refusent de contribuer à l'armement de la Corée du Sud, préférant chapeauter et garder un droit de regard sur leur armée.

Toutefois, la suite des événements montre combien le bloc communiste s'est fourvoyé sur les intentions américaines. De leur côté, les États-Unis sont persuadés que Moscou fomente la révolte nord-coréenne afin de modifier à son compte l'équilibre de l'Extrême-Orient. De plus, les républicains continuent de critiquer Harry S. Truman après le fiasco des négociations en Chine, qui a vu les communistes arriver au pouvoir. Le président, désireux de faire taire ses détracteurs, décide donc d'engager les forces américaines en Corée.

Devant la menace d'une guerre civile engendrée par l'échec des négociations entre les deux dirigeants chinois, le président Harry S. Truman envoie, de 1945 à 1947, le général George Catlett Marshall (1880-1959) pour tenter de calmer la situation. Mais l'émissaire échoue à réconcilier les deux parties et une guerre civile éclate. Les Américains apportent un soutien financier et matériel aux nationalistes, mais les moyens mis en œuvre sont trop faibles pour leur garantir la victoire. Le 1er octobre 1949, Mao Zedong entre à Pékin et proclame la création de la république populaire de Chine qui est reconnue par l'URSS et les pays du bloc soviétique, tandis que Tchang Kaï-check fuit à Taïwan.

ACTEURS PRINCIPAUX

SYNGMAN RHEE, HOMME POLITIQUE SUD-CORÉEN

Syngman Rhee, surnommé le « vieillard terrible », a 75 ans lorsqu'éclate la guerre de Corée en 1950. De descendance royale, il adhère, en 1894, au Club de l'indépendance, fondé par un politicien et journaliste coréen, afin de lutter politiquement contre l'influence du Japon. Il est emprisonné pour ses idées en 1897 et est libéré en 1904, date à laquelle il s'exile aux États-Unis. Par la suite, il obtient un doctorat de philosophie dans son pays d'accueil et dirige l'opposition nationaliste coréenne depuis Hawaii, où il s'est installé.

C'est en 1945, lors de la capitulation du Japon, qu'il revient en Corée, après 40 ans d'exil. Il y fonde l'Association nationale pour l'indépendance coréenne qui remporte les élections de 1948, faisant de lui le premier président de la partie sud de la Corée, proclamée république de

Corée. Bien que patriote et courageux, son caractère autoritaire et sa conception tyrannique de la politique rendent les États-Unis méfiants à son égard, surtout en matière d'armement.

Une fois la guerre de Corée terminée, Syngman Rhee est réélu quatre fois. Mais de graves irrégularités planent sur sa dernière victoire électorale et, en 1960, un important soulèvement populaire l'oblige à retourner à Hawaii, où il reste jusqu'à la fin de ses jours en 1965.

DOUGLAS MACARTHUR, GÉNÉRAL AMÉRICAIN

D'origine écossaise et fils d'un gouverneur des Philippines, Douglas MacArthur est un militaire américain très réputé. Sorti major de l'académie militaire de West Point en 1903, il est promu général à 38 ans alors qu'il combat en France. Dans les années trente, il devient le chef d'état-major de l'armée américaine. En retraite en 1937, il est rappelé en 1941 et officie dans le Pacifique où il se distingue pendant deux ans en participant à de nombreuses batailles. Le 2 septembre 1945, il reçoit la capitulation de l'empire du Soleil-Levant, et contribue ensuite en tant que proconsul au redressement et à la démocratisation du Japon.

Connu pour la boutade « [c]e sont les ordres auxquels vous désobéissez qui vous rendent célèbres » (DELMAS (Claude), *Corée 1950. Panorama de la guerre froide*, Bruxelles, Complexe, 1982, p. 177), Douglas MacArthur, s'estimant mieux placé qu'Harry S. Truman quant aux questions concernant l'Asie, met un point d'honneur à appliquer à la lettre cette devise lors de la guerre de Corée. Il n'hésite donc pas à mépriser les ordres de ses supérieurs ainsi que l'autorité politique. Malgré sa suspension pour ses écarts et son non-respect de la hiérarchie en avril 1951, il jouit d'une forte popularité dans son pays. Beaucoup voyaient en lui un futur président, mais il se retire définitivement de la vie militaire et meurt en 1964.

HARRY S. TRUMAN, HOMME D'ÉTAT AMÉRICAIN

Rien ne prédisposait ce juge du comté de Jackson (Oregon) à devenir le 33e président des États-Unis et encore moins celui qui dut, entre autres, relever les défis de la Seconde Guerre mondiale et de la guerre de Corée. Démocrate, Harry S. Truman est élu au Sénat en 1934, puis est choisi comme vice-président par Franklin Delano Roosevelt. Il occupe cette charge durant 82 jours, avant de remplacer le président à la tête du pays quand celui-ci succombe d'une attaque cérébrale le 12 avril 1945. Bien qu'ignorant tout du projet Manhattan, qui abrite les recherches sur la bombe atomique, c'est lui qui en ordonne l'utilisation pour mettre fin à la Seconde Guerre mondiale, faisant par là même entrer le monde dans l'ère nucléaire. Élu en 1948, son second mandat est principalement marqué par la guerre de Corée. Ses prises de position dans le conflit, comme la décision d'en référer aux Nations unies, sont tout d'abord accueillies positivement par l'opinion publique américaine. Mais lorsqu'il évince le général MacArthur, sa cote de popularité s'effondre et il subit de nombreuses attaques de la part des sénateurs qui l'accusent de vouloir rendre responsables les gradés qui combattent en Corée. Malgré la victoire américaine, le président ne parvient pas à retrouver la confiance de ses concitoyens, et ce jusqu'à la fin de son mandat. Lorsqu'il quitte le bureau ovale en 1953, il se consacre à la rédaction de ses mémoires et participe à certaines campagnes pour soutenir des candidats démocrates, avant de s'éteindre le 5 décembre 1972 à l'âge de 88 ans.

KIM IL-SUNG, MARÉCHAL ET HOMME D'ÉTAT NORD-CORÉEN

Originaire de Pyongyang (capitale de la Corée du Nord), Kim Il-sung est le fondateur et le premier dirigeant de la Corée du Nord. Élu en 1948, il a 38 ans lorsqu'il décide d'attaquer la Corée du Sud. Malgré l'importance qu'il revêt dans l'histoire coréenne, il est difficile de connaître exactement la vie de cet homme tant le culte qui l'entoure brouille la réalité.

Nous savons toutefois qu'il adhère en 1931 au Parti communiste au sein duquel il est chargé d'organiser l'armée populaire révolutionnaire qui combat l'occupant japonais. Son principal fait d'armes en tant que résistant est l'occupation, en juin 1937, de la ville de Pochonbo (située non loin de la frontière chinoise), qu'il tient pendant une journée avant de fuir et de semer la police japonaise.

Bien que présenté comme un héros de la Seconde Guerre mondiale, son rôle reste flou. Certaines sources font de lui un important combattant de l'Armée rouge lors de la bataille de Stalingrad (23 août 1942-2 février 1943). Proche des hautes instances communistes, il est placé par l'URSS à la tête du comité provisoire du peuple en 1946. Élu en 1948 à la tête de la Corée du Sud, il rend le pouvoir héréditaire, permettant à son fils Kim Jong-Il (1942-2011) de lui succéder à sa mort en 1994.

ANALYSE DE LA GUERRE

LE DÉROULEMENT DU CONFLIT

Après une succession de raids éclair qui voient la Corée du Nord envahir sa voisine en trois jours, les Américains contrôler la péninsule en un mois, puis les Chinois repousser les Occidentaux en quelques semaines, la situation stagne et s'enlise pendant deux ans, avant la signature d'un armistice qui ne laisse apparaître aucun vainqueur réel. Si de spectaculaires batailles viennent rythmer le conflit – comme la seconde bataille de Séoul (22-25 septembre 1950) ou celle d'Incheon (15-28 septembre 1950) –, le sort du pays se joue, dans un premier temps, à l'ONU, entre tractations politiques, ruses administratives et jeux diplomatiques.

Les forces en présence au cours de la guerre varient selon les sources. Il est toutefois possible d'estimer le nombre de militaires engagés durant tout le conflit. On compte :

- près d'un million de combattants communistes dont :
  - 206 000 Nord-Coréens ;
  - 780 000 Chinois.
- 1 150 000 combattants sud-coréens et prove-
  nant des Nations unies dont :
  - 590 000 Sud-Coréens ;
  - 480 000 Américains ;
  - 63 000 Britanniques.

L'INVASION ÉCLAIR NORD-CORÉENNE

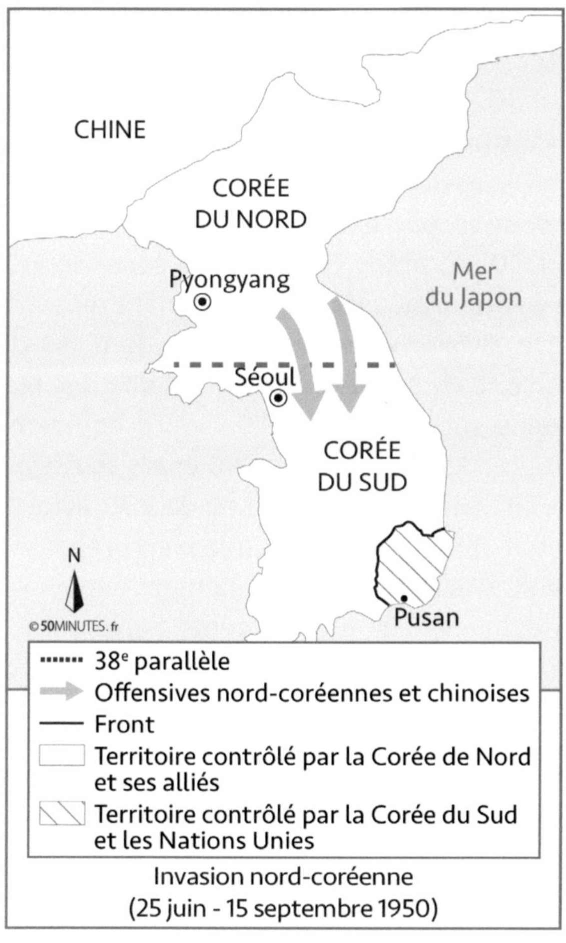

Invasion nord-coréenne
(25 juin - 15 septembre 1950)

Prétextant une attaque sud-coréenne qui serait survenue sur le 38e parallèle suite à l'échec des négociations, les Nord-Coréens décident d'attaquer leurs voisins du Sud. Soutenue et équipée par les Soviétiques, qui ne s'engagent cependant pas officiellement, l'armée nord-coréenne franchit la frontière imaginaire le 25 juin 1950 à l'aube, sans déclaration de guerre préalable. Face aux deux corps d'armée nordistes qui regroupent 138 000 hommes, les Sud-Coréens opposent une petite armée de 38 000 soldats répartis en quatre divisions et un régiment dont les deux tiers sont en permission. Par ailleurs, les Nord-Coréens sont à la tête d'un lourd équipement militaire : ils disposent de 150 chars soviétiques, de 1 700 pièces d'artillerie et de 200 avions de combat. Grâce à une tactique bien préparée qui prévoit d'attaquer simultanément cinq points stratégiques, ils submergent facilement les résistances sudistes et gagnent rapidement du terrain en Corée du Sud.

L'ONU lance aussitôt un appel au cessez-le-feu auquel l'envahisseur reste sourd. Celui-ci continue sa conquête qu'il souhaite rapide, espérant achever son attaque le 15 août, jour du cinquième anniversaire de l'indépendance. L'ancienne capitale de Corée, Kaesong, qui se situe sur la route reliant Pyongyang à Séoul, tombe rapidement sous l'offensive des chars. Les troupes du général Chai ne se trouvent plus qu'à 33 kilomètres de Séoul. Dans le même temps, l'aviation de l'oppresseur bombarde l'aérodrome de Kimpo, situé près de la capitale, où se trouvent les avions de l'armée de la Corée du Sud. À Chuncheon, l'infanterie nord-coréenne rencontre quelques difficultés parce que les effectifs sud-coréens sont au complet, alors qu'elle-même ne peut s'appuyer ni sur ses chars, ni sur ses avions. Le général Chai dispose toutefois d'un nombre plus élevé d'hommes. Il pousse l'offensive et finit par atteindre ses objectifs : trois jours plus tard, le 28 juin, dans l'après-midi, Séoul tombe aux mains des Nord-Coréens.

L'ENTRÉE EN GUERRE DES NATIONS UNIES

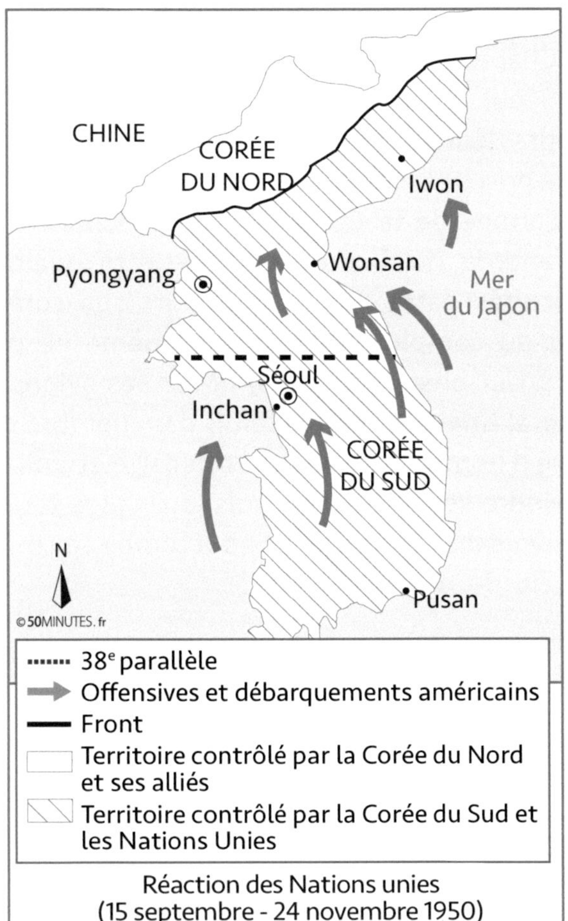

Réaction des Nations unies
(15 septembre - 24 novembre 1950)

Le 27 juin 1950, à la demande du délégué des États-Unis, Warren Austin (1877-1962), le Conseil de sécurité de l'ONU vote par sept voix contre une (la Yougoslavie) et deux abstentions (l'Inde et l'Égypte) la résolution invitant les membres des Nations unies à apporter un soutien militaire conséquent à la Corée du Sud afin de repousser l'envahisseur derrière la frontière. Ce vote est rendu possible grâce au boycott du Conseil de sécurité par l'URSS, qui réclame la reconnaissance de la Chine populaire par l'Occident et son entrée dans l'ONU. Tant que leur demande n'est pas entendue, les Soviétiques décident de ne plus assister aux séances de l'organisation, n'imaginant pas une seconde que les autres pays profiteront de l'occasion pour voter la résolution.

De leur côté, les États-Unis n'attendent pas cette décision pour agir. Dès qu'il apprend la nouvelle de l'invasion, Harry S. Truman ordonne de fournir au gouvernement de Séoul les armes dont il a besoin, ce qu'il avait pourtant refusé jusqu'à présent à cause du caractère belliqueux de Syngman Rhee. Le 27 juin, avant que n'ait lieu le vote du Conseil de sécurité, le président, dans une proclamation à la nation, fait part de ses intentions et invite l'URSS à dégager sa responsabilité dans le conflit et à faire bon usage de son influence auprès de la Corée du Nord afin que celle-ci rappelle ses troupes. Mais l'URSS s'en tient à la version officielle donnée par le gouvernement de Pyongyang, qui prétend que les sudistes ont été les premiers à ouvrir le feu, et affirme qu'elle respecte sa politique de non-intervention.

Le 29 juin, Harry S. Truman envoie 33 000 hommes dans la péninsule. Ceux-ci recevront l'aide du commandement des Nations unies créé pour l'occasion le 7 juillet, à la tête duquel se trouve le général américain Douglas MacArthur, proconsul au Japon depuis 1945. Par ailleurs, si les pays siégeant à l'ONU envoient chacun un contingent, le plus gros des troupes est composé de soldats américains. C'est donc le gouvernement des États-Unis et non celui des Nations unies qui détient la direction tactique des opérations.

LES ÉTATS-UNIS À LA TÊTE DES OPÉRATIONS

Gênée par la mousson, la méconnaissance du terrain, l'inexpérience des soldats, le relief et le manque de préparation, l'armée américaine connaît dans un premier temps de sévères défaites. En effet, les soldats, qui pour la plupart viennent du Japon, territoire assez paisible, ne sont pas habitués à de telles conditions. Le premier combat, qui a lieu à Osan (au sud de Séoul), se solde par une véritable déroute des Occidentaux, et la prise de Daejon voit le général américain William Frishe Dean (1899-1981) être fait prisonnier. À la fin du mois de juillet, la situation se révèle catastrophique : les troupes des Nations unies ne tiennent plus que le coin sud-est de la péninsule.

C'est le 10 août que la guerre commence à évoluer en la faveur des Nations unies. En attente de renforts, le général américain Walton Walker (1889-1950) lance une première offensive : la Corée du Nord est lourdement bombardée, à tel point que ses lignes d'approvisionnement sont coupées. Najin, la principale base de ravitaillement nordiste, à seulement 27 kilomètres de la frontière russe, essuie dans la journée du 14 août 500 tonnes de bombes. Les Nord-Coréens doivent dès lors reculer et abandonner Daegu puis Pohang qu'ils attaquaient pourtant sans relâche. Les Nations unies réussissent à repousser les troupes du Nord et ont désormais la possibilité de lancer une contre-offensive. Alors, le 15 septembre, le général Douglas MacArthur ouvre un deuxième front à Incheon, prenant en tenailles les armées de l'adversaire. Le choix de passer par cette ville apparaît, sur le papier du moins, fort judicieux. Proche de Séoul, c'est une place forte de l'armée du Nord et, une fois prise, son emplacement stratégique permettrait de couper les communications et les ravitaillements de l'armée ennemie. Mais elle est difficilement accessible et les Américains n'ont d'autre choix que de passer par la mer et par le canal est, facilement blocable. L'entreprise est d'autant plus ardue que le courant puissant du canal rend la navigation quasiment impossible. À cela s'ajoute le fait que les possibilités d'encrage dans la mer sont nulles et que le port est entouré d'importantes digues.

Malgré ces obstacles, Douglas MacArthur décide tout de même d'y monter son opération, connue sous le nom de code « Chromite ». Le général pense en effet pouvoir tirer profit des difficultés puisque les Coréens ne s'attendent pas à ce qu'un débarquement ait lieu à cet endroit, mais plutôt au sud, à Gunsan. Par ailleurs, le général américain, qui connaît bien la région, désire mener rapidement une contre-offensive dans le but d'éviter que la campagne se poursuive en hiver, saison réputée pour être particulièrement éprouvante en Corée. Alors, afin de préparer au mieux le débarquement, la CIA dépêche secrètement des troupes sur une île proche du port, afin de fournir des informations stratégiques aux soldats.

LE DÉBARQUEMENT AMÉRICAIN À INCHEON

Les Américains débarquent en trois endroits :

- Green Beach, située sur l'île de Wolmido ;
- Red Beach, qui entoure Incheon ;
- Blue Beach, qui entoure également Incheon.

C'est à Green Beach que les combats sont les plus violents. Forts d'un bataillon d'infanterie, d'une dizaine de chars, de bâtiments de débarquement ayant servi au cours de la Seconde Guerre mondiale et d'un soutien aérien qui bombarde le territoire au napalm, les Américains conquièrent l'île après s'être battus pendant six heures. Les deux autres attaques américaines se déroulent plus facilement et plus rapidement, ce qui permet aux soldats américains d'investir la péninsule et d'attaquer les Nord-Coréens sur deux fronts.

Une fois la bataille d'Incheon remportée, la pression des Nations unies s'intensifie et les troupes nord-coréennes sont forcées de se replier. Si de nombreux soldats du Nord s'enfuient ou se mêlent aux réfugiés, certains résistent et profitent de la confusion pour prendre quelques villes en petits groupes et ralentir au maximum l'avancée des troupes occidentales. Mais cette résistance est de courte durée : Séoul est reprise le 28 septembre 1950 et, parmi les 130 000 soldats nord-coréens engagés, 100 000 ne reviendront jamais. Au début du mois d'octobre, les dernières unités nord-coréennes sont détruites à Uijeongbu.

Les Américains poursuivent leur progression au Nord et franchissent à leur tour le 38e parallèle le 10 octobre. Trois jours plus tard, Douglas MacArthur fait bombarder durant toute une journée la ville de Chongjin, située à près de 60 kilomètres de la Mandchourie. Il s'agit de l'un des centres industriels les plus importants de Corée du Nord et, en attaquant cette place forte proche de la frontière chinoise, le général adresse un message fort au camp communiste. Dans la foulée, Pyongyang est prise et, le 26 octobre, les troupes des Nations unies atteignent les rives du Yalu (également appelé Amnok), le fleuve séparant la Mandchourie de la Corée, ce qui leur permet de contrôler l'ensemble de la péninsule.

LE 38E PARALLÈLE

Alors que la mission première des États-Unis était de repousser les Nord-Coréens dans leur territoire, les Occidentaux n'hésitent pas à traverser à leur tour la frontière. En effet, galvanisée par la victoire, l'armée ne se pose que peu de questions quant aux conséquences diplomatiques qu'une telle action pourrait entraîner. Si, dans un premier temps, aucune expédition terrestre n'avait été prévue par l'ONU, une résolution est soumise à l'Assemblée des Nations unies par huit pays alliés des États-Unis, qui stipulent que la priorité est d'assurer une situation stable dans l'ensemble de la péninsule, et ce par n'importe quel moyen, autorisant ainsi implicitement les troupes à dépasser le 38e parallèle et à continuer les combats au-delà.

Fort de sa victoire, Douglas MacArthur pense qu'il est capital d'asséner un coup fatal au communisme et d'effacer la défaite américaine de 1949 en Chine en traversant le 38e parallèle. À ses yeux, la victoire ne sera totale qu'une fois l'armée nord-coréenne éradiquée. Il n'accorde dès lors que peu d'intérêt aux menaces chinoises qui surviennent après la violation du 38e parallèle.

L'ENTREVUE ENTRE DOUGLAS MACARTHUR ET LE PRÉSIDENT

Une fois le 38e parallèle dépassé, les relations entre Harry S. Truman et Douglas MacArthur se détériorent à tel point que l'éviction de ce dernier paraît inéluctable. Le général américain prône en effet une politique agressive et brutale envers le communisme alors que le président, craignant l'extension du conflit à la Chine, cherche à ménager Pékin. Toutefois, le problème majeur qui envenime les relations entre les deux hommes se situe davantage dans le fait que le général n'éprouve aucune gêne à critiquer les méthodes de son propre gouvernement, et ce même publiquement. Douglas MacArthur est en effet l'homme fort de l'Asie. Entouré d'une certaine aura gagnée au cours des batailles qu'il a menées dans le Pacifique, il est proconsul au Japon et jouit d'une certaine liberté d'action. Il n'est d'ailleurs pas rentré aux États-Unis depuis 14 ans et est donc déconnecté de la réalité de son pays et de l'opinion publique.

Le 15 octobre, le président se rend sur l'île de Wake pour le rencontrer. L'idée de le destituer de ses fonctions lui traverse l'esprit, mais il veut éviter de le disgracier publiquement et de faire de cet homme puissant un dangereux ennemi. Si cette entrevue est censée être un rappel à l'ordre de l'officier, elle lui confère en même temps un surcroît de prestige, grâce au déplacement du président en personne.

Au cours de l'entrevue, le général s'excuse de ses récentes incartades, mais reste ferme quant à sa position. À ses yeux, la Corée est déjà vaincue et les Chinois n'ont aucun intérêt à dépêcher une armée pour la défendre puisqu'elle irait au-devant d'une importante défaite. Il est donc temps de terminer la guerre et de laisser les soldats rentrer chez eux. Harry S. Truman finit par accepter de lui faire confiance, mais rappelle au général que les questions de politique étrangère sont du ressort du président et non du commandement militaire.

L'ENTRÉE EN GUERRE DE LA CHINE

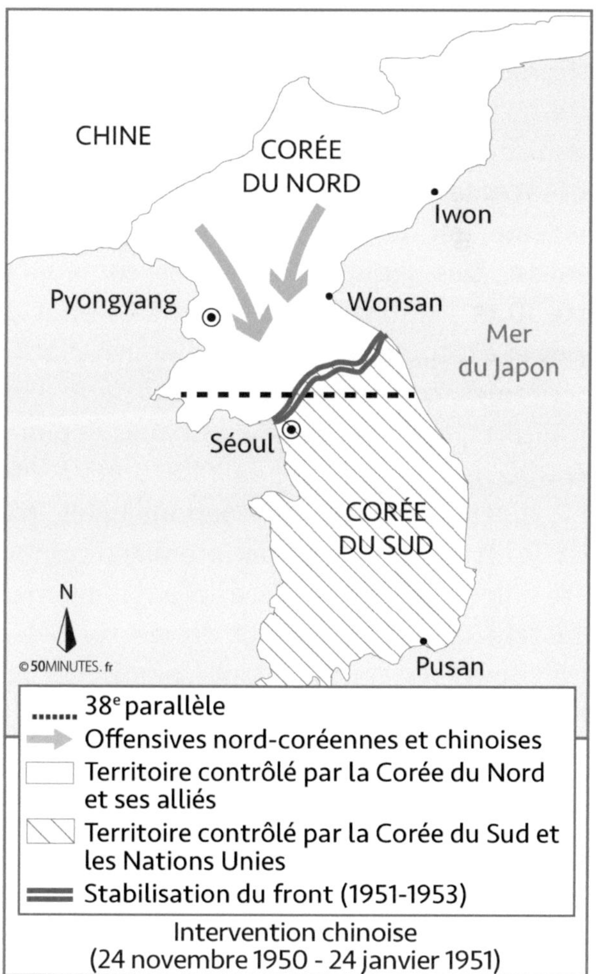

Alors que les deux hommes forts américains du conflit se rencontrent pour la première fois, des soldats chinois débarquent discrètement en Corée. Cette nouvelle invasion n'est découverte qu'une dizaine de jours plus tard grâce à la capture des premiers prisonniers et entraîne une recrudescence des guérillas à travers la péninsule par les partisans du régime communiste. Des groupes disparates comprenant entre 10 et 1 000 hommes posent en effet des mines et exécutent des raids sur les installations américaines, constituant un danger permanent. Par ailleurs, le 24 octobre, les Chinois déploient 200 000 hommes le long du Yalu, prêts à intervenir contre les forces des Nations unies. Mais c'est le 31 octobre que les premiers combats entre Chinois et Américains éclatent réellement. À la tête d'une importante armée formée de 56 divisions, le commandant chinois Lin Piao (1908-1971) fond sur les troupes endormies du général Hobark Raymond Gay (1894-1983) et massacre 500 soldats américains, pour ensuite se retirer.

Le 6 novembre, comprenant qu'il s'est fourvoyé, Douglas MacArthur, sans en aviser personne, donne l'ordre au général George Edward Stratemeyer (1890-1969) d'attaquer les ponts du Yalu à l'aide de 90 bombardiers. Trois heures avant le décollage des avions américains, le général et secrétaire à la Défense, George Catlett Marshall, est informé de la situation et interdit aussitôt l'opération, ce qui ne plaît guère à Douglas MacArthur qui est persuadé qu'il s'agit de la seule tactique militaire qu'il convient d'appliquer. Il juge d'ailleurs les restrictions imposées par Washington contre-productives et néfastes pour l'armée américaine.

L'opération est finalement autorisée deux jours plus tard, mais les détails de l'attaque changent et seule la rive coréenne du Yalu pourra être bombardée, à l'exclusion des barrages qui alimentent en électricité la Mandchourie. Pourtant, des avions de chasse soviétiques sont basés sur des terrains près d'Antung (aujourd'hui Dandong) en Mandchourie et pourraient permettre aux Soviétiques de remporter la bataille, dans la mesure où les Occidentaux ne peuvent les poursuivre jusque dans leur base. Douglas MacArthur signale cette situation absurde à son état-major et réclame par conséquent la permission d'entrer dans l'espace aérien chinois, ce que le président lui refuse, craignant que le conflit ne se transforme en guerre générale. Le Conseil de sécurité renouvelle donc l'interdiction de violer le sanctuaire mandchou, mais autorise une nouvelle offensive sur la rive coréenne du fleuve afin de sonder la capacité de réaction des Chinois. Quelques jours plus tard, Douglas MacArthur fait parvenir à Washington un message décrivant la situation alarmante dans laquelle se trouvent les Nations unies : « Les faibles forces que je possède affrontent la nation chinoise tout entière, dans une guerre non déclarée. Si aucune mesure concrète et immédiate n'est prise, tout espoir de succès est perdu et il faudrait alors envisager […] d'engager une longue guerre d'usure. » (DELMAS (Claude), *Corée 1950. Paroxysme de la guerre froide*, Bruxelles, Complexe, 1982, p. 116)

En parallèle, aux Nations unies, Wu Hsiu Chuan, le représentant du gouvernement de Pékin, refuse de répondre aux questions relatives à la participation de son pays à la guerre, arguant une prétendue agression américaine à Taïwan. Les dialogues entre Chinois et Américains sont donc inexistants, ce qui laisse présager un conflit plus important dans lequel les Occidentaux ne sont pas certains de remporter la victoire et dans lequel leur puissance nucléaire leur est inutile.

La situation est jugée dramatique, d'autant plus que circulent des rumeurs concernant l'apport d'un soutien militaire par la Russie à la Chine via son aviation si la Mandchourie venait à être bombardée. De plus, le 30 novembre, lors d'une conférence de presse, le président Harry S. Truman laisse penser que les Américains sont prêts à recourir à l'arme nucléaire. Mais les alliés de l'Amérique, au premier rang desquels se trouve la Grande-Bretagne, ne cautionnent pas cette tactique militaire. Néanmoins, malgré l'inquiétude que suscite cette sortie médiatique du président américain, l'utilisation de la bombe est peu probable. En effet, les États-Unis ne possèdent que des armes identiques à celles utilisées à Hiroshima et à Nagasaki, voire plus puissantes encore. Il faut attendre la fin de l'année 1951 pour que soient expérimentées les premières bombes de plus faible puissance, dédiées à une utilisation tactique. Par conséquent, les armes nucléaires dont disposent les États-Unis sont inutilisables en Corée en raison de la proximité des combattants américains et chinois.

Le 31 décembre, la grande offensive chinoise est lancée : 500 000 soldats, soutenus par un important déploiement aérien prétendument nord-coréen (mais dans les faits soviétiques), déferlent sur la Corée et écrasent les troupes occidentales, utilisant une tactique chinoise appelée la *Hachi-Shiki*. Il s'agit d'une formation en « V » ouverte vers l'ennemi qui se referme rapidement sur lui, pendant qu'un autre groupe passe derrière afin de couper les transmissions, les secours et les renforts. Le 4 décembre, les forces chinoises reprennent Pyongyang et, un mois plus tard, Séoul. Les températures, qui chutent à -35°C, font également des ravages dans les rangs des belligérants.

Devant l'urgence de la situation, les Nations unies hésitent à évacuer les troupes, mais celles-ci parviennent à stopper l'avancée des communistes. Le 15 janvier, sous le commandement du général

Matthew Ridgway (1895-1993), les Américains passent à la contre-offensive. Séoul est reprise le 14 mars et le front se stabilise le long du 38e parallèle à la fin du mois, jusqu'à la signature de l'armistice.

LA NÉGOCIATION ET L'ARMISTICE

Dès le mois de mars 1951, alors que la situation sur le terrain stagne et que des combats sporadiques affaiblissent les forces de chacun, le président américain prépare un projet de déclaration de paix qui est transmis aux pays alliés. Mais, avant que ce document ne soit publié, Douglas MacArthur, sans en référer à son gouvernement, menace publiquement la Chine et lui pose un ultimatum, à la suite de quoi il est relevé de son commandement et remplacé par le lieutenant général Matthew Bunker Ridgway (1895-1993).

Alors que les combats en Corée tournent légèrement à l'avantage des Nations unies, deux choix s'offrent aux Occidentaux :

- se battre jusqu'à la victoire, ce qui, pour beaucoup d'observateurs, changerait le destin de

l'Asie et le rapport de forces mondial entre le bloc démocrate et le bloc communiste ;
- accepter un armistice sans vainqueur.

Harry S. Truman préfère opter pour la seconde option, craignant que, si le conflit s'éternise, les Soviétiques reprennent leur influence en Europe. Mais, le 22 avril, les Chinois lancent 34 divisions, dont 8 coréennes, à l'assaut du 38e parallèle et éparpillent les troupes sud-coréennes sur le territoire. Mais Pékin, craignant de graves représailles américaines, interdit au général Liu Yalou (1910-1965), commandant en chef de l'aviation chinoise, d'attaquer les troupes et les installations des Nations unies. Ainsi, l'offensive terrestre du 22 avril, qui se fait sans appui aérien, tourne court et, dès le 27 avril, de nombreux soldats chinois commencent à se rendre. Le 20 mai, le front communiste s'effondre.

Aux Nations unies, le secrétaire général, Trygve Halvdan Lie (homme politique norvégien, 1896-1968), milite pour des pourparlers entre les deux camps, mais il faut attendre le mois de juillet 1951 pour que la Chine accepte de négocier un traité de paix à Kaesong. Ces négociations sont rompues, puis reprises, entrecoupées de batailles éparpillées, de tractations concernant la remise des prisonniers et de l'élection d'un nouveau président américain, Dwight David Eisenhower (1890-1969). Elles aboutissent finalement le 27 juillet 1953 à un armistice militaire.

Vient dès lors le temps de dresser le bilan. Après trois ans d'âpres combats, Kim Il-sung se retrouve à la tête d'un pays totalement ravagé : ses routes et ses voies de chemin de fer sont détruites ; ses usines ne tournent plus. On estime que deux millions de Nord-Coréens fuient vers le Sud et le camp communiste est à la dérive.

Le bilan des soldats communistes morts au combat ou disparus est effrayant :

- 520 000 Nord-Coréens ;
- 900 000 Chinois.

Il l'est tout autant pour le camp des Nations unies :

- 843 500 Sud-Coréens ;
- 136 000 Américains.

Ce sont toutefois les populations civiles qui sont les plus durement touchées. On estime à un million le nombre de civils sud-coréens tués et à deux millions le nombre de victimes civiles nord-coréennes ; certaines sources font même état de quatre millions.

RÉPERCUSSIONS DE LA GUERRE

La guerre de Corée se termine là où elle a commencé, sur le 38e parallèle. Désormais, les deux Corées ne sont plus séparées par une frontière, mais par une zone démilitarisée qui coupe le 38e parallèle en diagonale sur une bande de 249 kilomètres de long et 4 kilomètres de large, rendant la superficie des deux territoires de Corée relativement identique.

LA CORÉE DU NORD ET LA CORÉE DU SUD

La Corée du Nord reconstruit son économie et son industrie au cours des années cinquante. Elle est, durant cette décennie, l'un des pays dont l'économie progresse le plus rapidement, selon les sources données par Pyongyang. Persuadé que les Sud-Coréens se soulèveront dès qu'ils en auront l'occasion, le gouvernement de Kim Il-sung envoie régulièrement des espions et des guérillas, vite démasqués.

De son côté, la Corée du Sud se remet plus difficilement de la guerre. Dépendante de l'aide américaine, la population reste pauvre et les années de gouvernance de Syngman Rhee sont marquées par le clientélisme et la corruption, jusqu'à son départ en 1960 suite à de violentes manifestations étudiantes.

LES ÉTATS-UNIS ET LES NATIONS UNIES

Les Américains pleurent leurs nombreux disparus. On voit naître un fort sentiment anti-chinois du côté de Washington qui, pendant 20 ans, s'oppose à la reconnaissance de Pékin comme gouvernement de la Chine, l'empêchant d'occuper un siège à l'ONU.

La guerre de Corée a toutefois permis aux États-Unis d'asseoir leur autorité sur le bloc de l'Ouest et d'ainsi apparaître comme une puissance prête à tout pour défendre ses intérêts et ceux de ses alliés. C'est donc un message fort qu'ils envoient à leurs adversaires. La puissance de feu déployée en Corée rend le géant américain crédible militairement et montre sa capacité de réaction aux yeux du monde.

Les Nations unies, quant à elles, ont prouvé qu'elles pouvaient exister en tant que force armée, au contraire de la Société des Nations créée après la Première Guerre mondiale (1914-1918). Par ailleurs, l'intervention en Corée a permis à l'ONU de légitimer son rôle d'organisme de paix.

EN RÉSUMÉ

1945

Division de la Corée en deux zones occupées

1948

15 août : Proclamation de la république de Corée (Corée du Sud)

9 sept. : Proclamation de la république populaire démocratique de Corée (Corée du Nord)

1950

25 juin : **Début de la guerre de Corée**

27 juin : Implication de l'ONU dans le conflit

15-19 sept. : Bataille d'Incheon

31 oct. : Implication de la Chine dans le conflit

1951

Juil. : Premières négociations de paix

1953

27 juil. : **Fin de la guerre de Corée**

- En août 1945, les Coréens s'affranchissent du colon japonais et ont pour objectif de former une seule et grande Corée.
- Trois ans plus tard, suite à l'échec d'élections nationales sur l'ensemble du pays, le Nord, soutenu par les Russes, porte à sa tête Kim Il-sung, tandis que le Sud, allié des Américains et des Nations unies, choisit comme chef du gouvernement Syngman Rhee. Désormais, il existe deux Corées divisées à hauteur du 38e parallèle.
- Le 25 juin 1950, les Nord-Coréens franchissent la frontière imaginaire séparant les deux pays et envahissent rapidement le Sud de la péninsule.
- Deux jours plus tard, le Conseil de sécurité des Nations unies décide d'apporter à la Corée du Sud un soutien militaire.
- Le 15 septembre 1950 débute la bataille d'Incheon. En quelques jours, les Américains prennent possession de cette place straté-gique et finissent par reconquérir le Sud de la péninsule. Mais les armées continuent leur progression et dépassent à leur tour le 38e pa-rallèle le 10 octobre 1950.

- Les Chinois, se sentant agressés par les troupes américaines bordant leur frontière, réagissent le 31 octobre et s'immiscent dans le conflit. Après de violents affrontements, la situation se stabilise autour du 38e parallèle.
- En avril 1951, Douglas MacArthur est relevé de son commandement par le président Harry S. Truman pour non-respect de la hiérarchie et remplacé par Matthew Bunker Ridgway.
- Durant les années 1951 et 1952, Américains et Chinois s'affrontent autour du 38e parallèle sans toutefois obtenir de résultats marquants. Des négociations de paix sont alors lancées.
- Le 27 juillet 1953, l'armistice est signé.

Votre avis nous intéresse !
Laissez un commentaire sur le site de votre
librairie en ligne et partagez vos coups de cœur sur
les réseaux sociaux !

POUR ALLER PLUS LOIN

SOURCES BIBLIOGRAPHIQUES

- CADEAU (Ivan), *La guerre de Corée*, Paris, Perrin, 2013.

- CUMINGS (Bruce), « L'autre scénario », in *L'histoire*, n° 385, mars 2013.

- DAYEZ-BURGEON (Pascal), *Histoire de la Corée. Des origines à nos jours*, Paris, Tallandier, 2012.

- DELMAS (Claude), *Corée 1950. Paroxysme de la guerre froide*, Bruxelles, Complexe, 1982.

- FABRE (André), *Histoire de la Corée*, Paris, L'Asiathèque-maisons des langues du monde, 2001.

- FONTAINE (André), *Histoire de la guerre froide. De la guerre de Corée à la crise des alliances. 1950-1971*, Paris, Fayard, 1976.

- FONTAINE (André), *Histoire de la guerre froide. De la révolution d'Octobre à la guerre de Corée. 1917-1950*, Paris, Seuil, 1983.

- HUBAC (Jean), *Dictionnaire chronologique des guerres du XXᵉ siècle*, Paris, Hatier, 2013.

- KERSAUDY (François), « Une occupation américaine réussie », in *Historia*, n° 683, novembre 2003.

- SOUTY (Patrick), *La guerre de Corée 1950-1953. Guerre froide en Asie orientale*, Lyon, Presses universitaires de Lyon, 2002.

SOURCES COMPLÉMENTAIRES

- BERGEAOT (Erwan), *Bataillon de Corée. Les volontaires français. 1950-1953*, Paris, Presses de la Cité, 1983.

- DAYEZ-BURGEON (Pascal), *De Séoul à Pyongyang. Idées reçues sur les deux Corées*, Paris, Le Cavalier Bleu, 2013.

- DAYEZ-BURGEON (Pascal), *Les Coréens*, Paris, Tallandier, 2011.

- DE CEUSTER (Koen), « La guerre froide coréenne », in *L'histoire*, n° 385, mars 2013.

- FONTAINE (André), *La Guerre froide. 1917-1991*, Paris, Seuil, 2006.

- LECKIE (Robert), *La Guerre de Corée*, Paris, Robert Laffont, 1963.

LITTÉRATURE

- SUN-WON (Hwang), *Les Arbres sur la falaise*, 1999.

- JIN (Ha), *Les Rebuts de la guerre*, 2006.

- ROTH (Philip), *Indignation*, 2010.

- Sok-Yong (Hwang), *Monsieur Han*, 2010.

- Wan-Seo (Pak), *Hors les murs*, 2012.

- Lee (Chang-Rae), *Les Vulnérables*, 2013.

FILMS

- *Les Ponts de Toko-Ri*, film de Mark Robson, avec William Holden, Grace Kelly et Frederic March, États-Unis, 1954.

- *La Gloire et la Peur (Pork Chop Hill)*, film de Lewis Milestone, avec Gregory Peck, Harry Guardino et Martin Landau, États-Unis, 1959.

- *Un crime dans la tête (The Mandchurian Candidate)*, film de John Frankenheimer, avec Frank Sinatra, Lawrence Harvey et Janeth Leigh, États-Unis, 1962.

- *M.A.S.H*, film de Robert Altman, avec Donald Sutherland, Elliott Gould et Tom Skerritt, États-Unis, 1970.

- *MacArthur, le général rebelle*, film de Joseph Sargent, avec Gregory Peck, Ed Flanders et Dan O'Herlihy, États-Unis, 1977.

L'éditeur veille à la fiabilité des informations publiées, lesquelles ne pourraient toutefois engager sa responsabilité.

www.50minutes.fr

ISBN ebook : 978-2-8062-5401-6
ISBN papier : 978-2-8062-5582-2
Dépôt légal : D/2014/12603/28
Photo de couverture : *Réfugiés coréens devant un char M-26 américain*. U.S. Defense Imagery . Image réputée libre de droits

Conception numérique : Primento,
le partenaire numérique des éditeurs